Unidad 4

Nuestra vida, nuestro mundo

Contenido

El diario de Candela
por Julia Maldonado
ilustraciones de Kathy Ember

Una tarde lluviosa
por Liz Ray
ilustraciones de Melanie Siegel

Mi nuevo par de orejeras
por Mark Melillo
ilustraciones de Alexandra Willner

Eugenia y Augusto
en el desierto
por Liz Ray
ilustraciones de Cheryl Mendenhall

Una tarde
con mi abuela
por Leslie A. Rotsky
ilustraciones de Steven Moch

El diario de Candela

por Julia Maldonado
ilustraciones de Kathy Ember

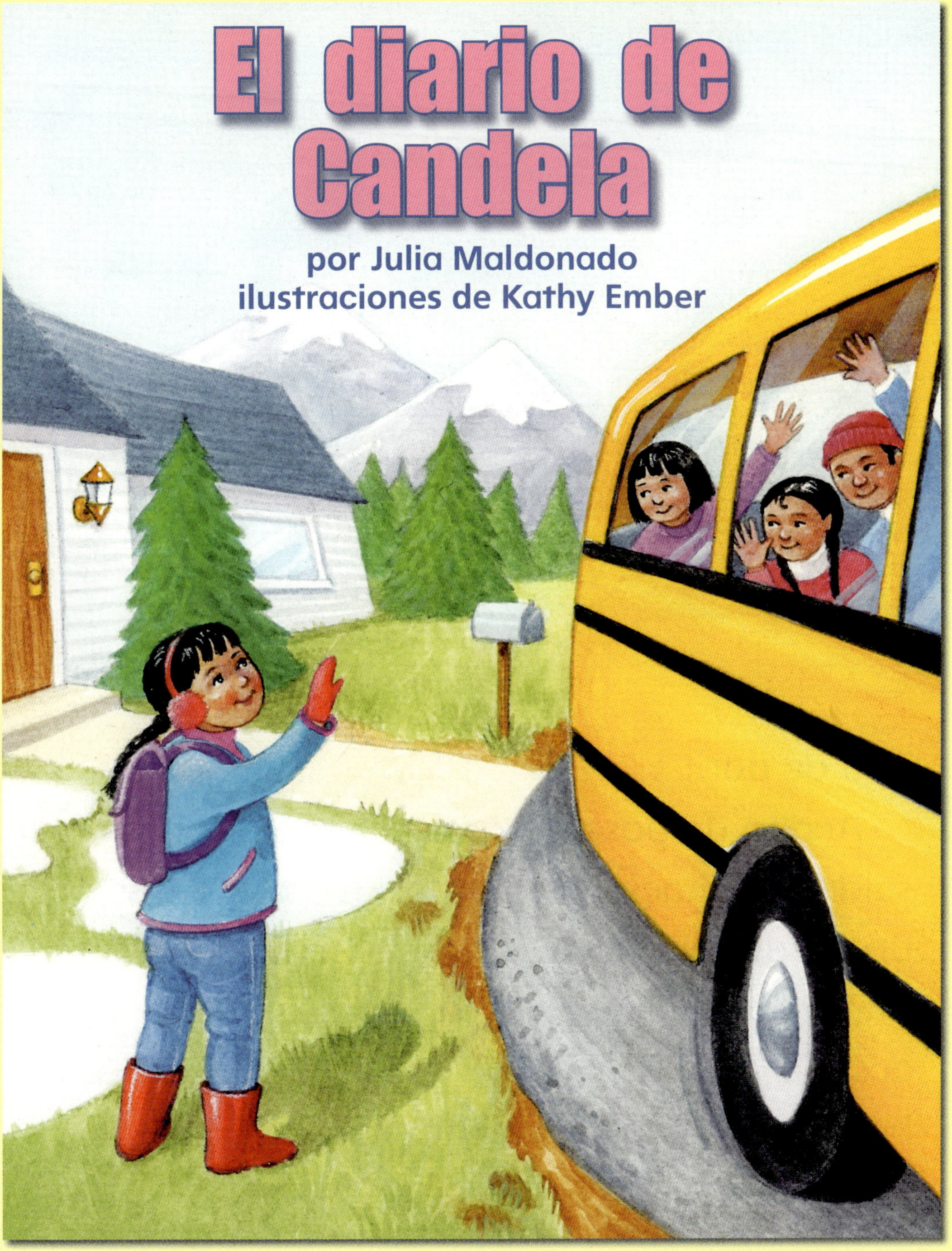

5 de abril

Acabo de pasear por el parque. Pronto saldremos hacia las montañas. Pasaremos allí un fin de semana. Dicen que en las montañas hay un bosque precioso al que se puede acceder sin dificultad. Cuentan que en ese bosque tan verde es imposible aburrirse.

11 de abril

Es domingo. Estamos en un lugar verdaderamente precioso. Las montañas tienen nieve todavía, pero ya el color verde se ve por todos lados. ¡Papá quería tomar mil fotografías! A las cinco en punto de la tarde, el sol ya estaba cayendo en el horizonte.

15 de abril

Hoy, la mayoría de los niños estaban contentos en la escuela. Pasé al frente a dar una lección. Hablé de la dificultad de escribir un cuento sin personajes. Mi amiga Marisol levantó la mano. Dijo que eso era imposible. Y en ese punto, creo que tenía razón.

25 de abril

Hoy hacía mucho viento. En el auto, mamá me pedía que dejara la ventanilla cerrada. Fuimos al puerto. Un pescador vestido de verde tenía un recipiente lleno de pescado. Mamá decidió comprarle un cangrejo. Lo llevamos en una bolsa bien cerrada.

30 de abril

¡Pronto volveremos a viajar! Estoy llena de emoción, como la mayoría de mis compañeros. En mi diario contaré todo, punto por punto. ¡Me gusta mucho viajar y escribir!

Una tarde lluviosa

por Liz Ray
ilustraciones de Melanie Siegel

Desde hace algunos días, a Mauro le duele mucho la muela. ¡A veces quiere golpear la pared! No puede comer nada dulce.

Afuera llueve y hay mucho viento. Desde la ventana de su habitación quiere ver a toda costa el arroyo. No es un arroyo profundo.

Paula, la hermana de Mauro, viene a verlo.

—¿Qué haces allí tan serio, contra la pared? ¿Por qué no vienes conmigo a pasear en la lluvia? —dice Paula.

Mauro asiente. Quiere estar bien.

Van directo hacia el río. Paula se detiene junto a la orilla.

—¡Aléjate de allí, Paula! ¡Podrías caerte en el agua! —exclama Mauro.

—No te preocupes. Vengo aquí desde siempre. ¡Huele el aire! La lluvia trae un aroma muy dulce —dice Paula sonriendo.

Luego, los dos siguen paseando y oliendo la hierba húmeda.

En un momento, Paula exclama:

—¡Cuánta imprudencia!

Mauro mira. Juan, el científico del pueblo, está sobre un puente, justo en el centro del arroyo. Tiene un palo muy largo.

—¿Qué hace? —pregunta Mauro—. ¿Mide la profundidad del agua?

—Sí —dice Paula—. El arroyo es profundo cuando llueve. ¡Pero se podría caer!

Después de un fuerte trueno, Juan hace un movimiento extraño. Pierde el equilibrio y cae en el agua. La corriente se lo lleva directo al centro del arroyo.

—¡Auxilio! —grita Juan.

—¡No tengas miedo, Juan! ¡Paula y yo te ayudaremos! —dice Mauro desde la orilla.

Juan quiere nadar a toda costa contra la corriente. Traga un poco del agua dulce del arroyo. Finalmente, se aferra a una rama.

Un hombre en un bote auxilia a Juan.

—¿Se siente bien? —pregunta el hombre mientras extiende una mano para ayudarlo.

—¡Todo sea por la ciencia! —bromea Juan cuando sube al bote.

—¡Eres muy valiente, Juan! —grita Mauro.

—¡Gracias por auxiliarme, niños! —dice Juan—. ¿Cómo está tu muela, Mauro?

—¡Pues lo cierto es que ahora no me duele! —dice Mauro, y todos se ríen.

Mi nuevo par de orejeras

por Mark Melillo
ilustraciones de Alexandra Willner

Después de un delicioso desayuno, Mariana, mamá y yo dejamos todo en orden y fuimos al parque público. Me divierte la nieve, pero soy un poco friolento. Es una pena. Después de un par de minutos, tiemblo y me siento mal. Y no es culpa del desayuno.

Cada vez que me siento así, me pongo fastidioso y me pica un ojo. Pero aquella mañana, en cambio, sentía pena y los oídos taponados como con una piedra. Allí cerca había poco público; solo vi una mujer y un par de niños patinando sobre el hielo.

En casa, mamá resolvió la cuestión de inmediato. Sacó del armario los elementos necesarios y en diez minutos me cosió un nuevo par de orejeras. Ella es de una región helada y sabe cómo protegernos del frío.

Volví al parque, donde había una mujer y unos niños que querían jugar con piedras. Eran de una región cálida. Cada uno de ellos tenía miedo de resfriarse. La mujer tenía que andarse con ojo para conseguir que guardaran el orden. Yo estaba calentito con mis orejeras. ¡Y ni siquiera me picaba el ojo!

Al día siguiente tomamos un desayuno caliente. Todos en la ciudad se estaban divirtiendo; nadie tenía expresión de pena. Muchas mujeres, niños y hombres estaban luciendo orejeras como las que me había hecho mamá. Ahora, todo parecía estar en orden. Los niños de otras regiones podrían disfrutar de sus vacaciones en la nieve.

Eugenia y Augusto en el desierto

por Liz Ray
ilustraciones de Cheryl Mendenhall

Eugenia, Augusto y papá reunieron todo lo necesario en el auto y se fueron de vacaciones. Llevaban una buena cantidad de agua y alimento porque acamparían en el desierto. También llevaban peras y un pastel de manzana. Eugenia quería ver el vuelo de los pájaros, pero solo había viento y arena.

Cuando el fuego estuvo listo, papá cocinó unas salchichas y unas tortillas de maíz.

—Las tortillas de maíz son muy buenas para la salud, ¿verdad? —preguntó Eugenia.

—Así es, hija. Nosotros debemos elegir cada alimento pensando en la salud —dijo papá.

—¡Yo también pienso en el hambre! —bromeó Augusto, y los tres se rieron.

Después, saborearon las peras. Ya no tenían hambre y dejaron el pastel de manzana para el día siguiente. Se fueron a dormir. A Eugenia la despertó un ruido.

—¡Hay ruidos afuera! —dijo Eugenia.

—¿Qué sucede, hija, sueñas que robaron el pastel de manzana? —preguntó papá.

—¡Pidamos auxilio, hay fuego; llamemos a los abuelos! —contestó medio dormida.

Por la mañana fueron a pasear. Tomaron muchas precauciones: llevaron alimentos, agua, una cuerda, los sombreros nuevos y elementos para encender el fuego.

—Nosotros debemos estar siempre juntos y andar con cautela —explicó papá.

Eugenia descubrió unas huellas en la arena. Sintió que era su día de suerte.

A la noche, antes de dormir, miraron el cielo y el paisaje. El desierto era hermoso, como un cuadro pintado por un pintor famoso. Allí no se podría plantar un huerto, pero había mucha belleza. Luego, descubrieron un pequeño lagarto que se metía deprisa entre los huecos de las piedras.

¡Qué hermosas vacaciones pasaron Eugenia y Augusto en el desierto!

Una tarde con mi abuela

por Leslie A. Rotsky
ilustraciones de Steven Mach

Luis y Tomás viven en la ciudad. Una tarde de sol fueron al campo para conocerlo mejor y visitar a su abuela.

Pasaron un momento espléndido en la huerta. Ayudaron a la abuela a arrojar tierra sobre los surcos formados por el agua que fluye desde los montes.

Luego, Tomás y la abuela aprovecharon la luz del sol para construir un espacio donde sembrar tomates. A Luis no le divierte eso. Le gustaría ver aves con alas grandes, como el ruiseñor. Las plumas de tonos muy coloridos le parecen en verdad hermosas.

Más tarde, Tomás comenzó a arrojar agua con una manguera. El ruido hizo huir a los insectos. Cuando el sol baje, la abuela los llevará a conocer la colmena donde consigue una miel espléndida. Luis sigue buscando aves de bellas plumas. Está aburrido.

Luis y Tomás hacen un recorrido entre los árboles frutales. El calor del sol comienza a disminuir. La abuela les enseña a los pequeños a cuidar un sembrado.

—Conseguir que una semilla germine es en verdad un triunfo —dice la abuela.

La abuela usa tonos divertidos para explicarles de un modo muy claro todo lo que deben conocer sobre las semillas. Los pequeños saben que dice la verdad y la oyen sin hacer ruido. ¡Luis ya no está aburrido!

Al regresar de la colmena, la abuela señala la puerta de la reja y le dice a Luis:

—¡Uy, Luis, qué suerte has tenido! Aquí hay aves muy hermosas. Esta que ves no es un ruiseñor ni tiene muchas plumas en las alas, pero es muy simpática.

Luego, Luis, Tomás y la abuela comieron un espléndido pastel de moras con miel.

El pequeño pájaro cantó como un ruiseñor. Dejó fluir su canto en un tono muy suave.

Los pequeños pasaron un día muy bello en el campo. Al final, la abuela les regaló a cada uno un tarro de miel.

Unidad 4: Nuestra vida, nuestro mundo

Semana 1: El diario de Candela *página 1*

para leer con *Alaska: un lugar especial* **NÚMERO DE PALABRAS: 218**

PALABRAS CON BL, BL

abril, hablé, imposible

PALABRAS DE USO FRECUENTE

cerrada, dificultad, imposible, lleno, mayoría, montañas, precioso, punto, verde

Semana 2: Una tarde lluviosa *página 7*

para leer con *El mar* **NÚMERO DE PALABRAS: 317**

PALABRAS CON DIPTONGOS, HIATOS NATURALES

afuera, bien, ciencia, detiene, fuerte, gracias, hierba, luego, oliendo, puente

PALABRAS DE USO FRECUENTE

allí, caer, centro, contra, costa, desde, directo, dulce, pared, profundo

Semana 3: Mi nuevo par de orejeras *página 13*

para leer con *¡Feliz año nuevo!* **NÚMERO DE PALABRAS: 185**

PALABRAS CON DIPTONGOS IA, IE, IO

armario, caliente, delicioso, expresión, friolento, inmediato, luciendo, piedra, siento, vacaciones

PALABRAS DE USO FRECUENTE

cada, de (prep.), desayuno, mujeres, ojo, orden, par, pena, piedra, público

Semana 4: Eugenia y Augusto en el desierto *página 19*

para leer con *En el prado* **NÚMERO DE PALABRAS: 269**

PALABRAS CON DIPTONGOS AU, EU, UA, UE

abuelos, buena, cautela, cuerda, fuego, huecos, nuevos, precauciones, reunieron, suerte

PALABRAS DE USO FRECUENTE

alimento, fuego, hambre, hija, maíz, manzanas, nosotros, pastel, peras, salud

Semana 5: Una tarde con mi abuela *página 25*

para leer con *¡Ellos tienen ritmo!* **NÚMERO DE PALABRAS: 199**

PALABRAS CON DIPTONGOS IU, UI, UY

ciudad, construir, cuidar, disminuir, fluir, huir, Luis, muy, ruiseñor, uy (exclamación)

PALABRAS DE USO FRECUENTE

alas, arrojar, aves, conocer, espléndido, miel, plumas, sol, tonos, verdad

PALABRAS DE USO FRECUENTE APRENDIDAS HASTA LA FECHA

Grado K
al
con
dice
dónde
el
ella
en
es
está
este (adj)
familia
grande
gusta
hace
hago
hay
juego (v.)
la
más
mira
muy
nuevo
para
pequeño
pero
por
puedo
qué
quién
sin
soy
también
tengo
tiene
un
vamos
veo
voy
y
yo

Grado I
abrir
aceptar
actividad
agua
ahí
aire
algunos
allá
ambos
amigo
años
aprender
aquí
aspecto
atrás
aunque
ayuda
baja
bien
blanco
bueno
camino
campo
cantar
carácter
casa
casi
cerca
ciudad
clase
color
comer
como
completo
correr
crear
cualquier
cuando
cuanto
cuatro
cuerpo
cumplir
decidieron
dentro
después
diez
diferente
difícil
doctor
dos
durante
edad
embargo
empezar
encima
encontrar
entonces
entre
escribe
escuchar
escuela
esfuerzo
estoy
estudio (sust.)
existen
explicar
flores
frente
grupo
gusto
hablar
habrá
hacia
hoy
iguales
importante
juguemos
juntos
larga
lector
libertad
libro
llamar
lograr
luego
luz
madre
maestro
manera
mañana
mejor
mientras
mover
muchos
muestro
nada
nadie
niño
nombre
nuestro
obra
obtener
ocho
ofrece
otro
padre
palabra
pan
parque
piensa
podrás
porque
pregunta
presentar
primero
principal
principio
problema
pronto
propio
proponer
próximo
pueblo
puede
pues
que (cj.)
quien
quiere
quiero
quizá
reunir
río
saltar
saluda
seguir
siempre
siglo
sobre
sube
suelo
tampoco
tan
tiempo
tierra
todavía
todo
trabajo
trae
través
tres
varios
vez
vieja
vivir
voz
ya

Grado 2
abajo
acabó
adelante
ahora
alas
alegría,
algo
algún
alimento
allí
alto
aman
ancho
andará
animales
apenas
arrojar
artista
atención
atraviesa
aves
azul
bajo
bella
busca
cabeza
cada
cae
caer
calle
calor
canto (sus.)
cargan
carrera
centro
cerrada
cielo
cierra
clara (adj.)
coloca
comienzan
conocer
construyen
contra
cosas
costa
de (prep.)
demasiado
desayuno
desde
desea
desierto
(sus.)
despierta (v.)
día
dificultad
directo
disfrutar
distintos
dulce
dura
echa
empleados
entera
enviaré
escritor
eso
especial
espera (v.)
espléndido
estrellas
evita
felices
fiesta
formar
fresca
fría
fruta
fuego
gente
hambre
hermana
hija
hizo
hojas
horas
huevos
imposible
jamás
joven
jugando
labios
lado
le (pron.)
leen
levantar
lleno
llevan
lo (pron.)
luchan
maíz
manos
mantendrán
manzanas
mayor
mayoría
médicos
menores
menos
mensaje
mesa
mezclar
miel
mil
modos (sus.)
montañas
mujeres
negros
nieve
ninguno
no
noches
nosotros
o (conj.)
ojo
orden
oscuro
oye
papel
par
parece
pared
parte
pasa
pasó
pastel
pena
pensó
peras
personas
pesado
piedra
piel
pies
pintar
plan
plantas
platos
plumas
pocas
ponen
posible
precioso
profundo
prueba
público
puerta
punto
rápidamente
rato
responder
rodea
rojo

rostro
saben
sale
salud
seguro (adj.)
sentimientos
señora
si (conj.)
siete
siguiente
silencio
sirven
sol
solito
sombra
suave
suele
sueño
suerte
tarde
temo
terrible
tipo
toca
toman
tonos
trabajar
una (nº)
usar
ven (venir)
ventanas
verano
verdad
verde
vida
visiten
volver

DESTREZAS DE DESCODIFICACIÓN ENSEÑADAS HASTA LA FECHA

Palabras con *m;* palabras con *p;* palabras con *t;* palabras con *l;* palabras con *s;* palabras con *d;* palabras con *n;* palabras con *v;* palabras con *b;* palabras con *f;* palabras con *rr;* palabras con *r* y sílabas cerradas con *r; palabras con h;* palabras con *ge, gi, j;* palabras con *ca, co, cu, k, que, qui;* palabras con *y, ñ;* palabras con *ch;* palabras con *ll, w;* palabras con *cl;* palabras con *cr;* palabras con *ga, go, gu, gue, gui;* palabras con *ce, ci, za, zo, zu;* diptongos *ai, au, ay, ei, eu, ey, oi, oy;* diptongos *ia, ie, io, iu, ua, ue, ui, uy;* palabras con *tr;* diéresis: *güe, güi;* palabras con *bl;* palabras con *br;* palabras con *pl;* palabras con *pr;* palabras con *i, x* como *j;* palabras con *mb, mp;* palabras con *nn, nm;* palabras con *x,* la *x* como *j;* palabras con *cc, x;* diptongos, hiatos naturales.